L'intelligence Artificielle

Défis, enjeux, opportunités

Nicolas Vardel

SOMMAIRE

Clause de non-responsabilité

« Les insectes ne s'attaquent qu'aux lumières qui brillent »

Le présent texte est une Clause de non-responsabilité s'appliquant à l'intégralité de ce livre. Le lecteur est informé que l'ensemble du contenu de ce livre est fourni à titre non contractuel et strictement destiné à des fins purement informatives.

L'auteur de ce livre ne fournit aucune déclaration, aucun engagement ni aucune garantie d'aucune nature, implicite ou explicite, quant à l'exactitude, la véracité, la fiabilité, l'applicabilité, l'adéquation ou l'exhaustivité des informations présentes dans ce livre. Le contenu de ce livre est susceptible d'avoir été produit et ou traduit à l'aide de mécanismes automatisés. En aucun cas, l'auteur de ce livre ne saurait être tenu responsable de la présence d'imperfections, d'erreurs, d'omissions, ou de l'inexactitude du contenu proposé dans ce livre.

Aucune utilisation des informations présentes dans ce livre, de quelque manière que ce soit, ne saurait ouvrir droit à un quelconque dédommagement ou compensation quel qu'en soit sa nature.

L'auteur de ce livre ne saurait en aucun cas être tenu responsable, d'aucune manière, de tout dommage ou préjudice, de quelque nature que ce soit, direct ou indirect, lié ou non à la négligence, pouvant entre autres, découler de l'utilisation de quelque manière que ce soit des informations contenues dans ce livre, et ce, que l'auteur soit ou non avisé de la possibilité de tels dommages.

Le lecteur demeure, en toutes circonstances, le seul et l'unique responsable de l'utilisation et de l'interprétation des informations figurant dans le présent livre et des conséquences qui pourraient en découler.

Toute utilisation du contenu de ce livre de quelque manière que ce soit s'effectue aux risques et périls du lecteur uniquement et n'engage, en aucun cas, aucune responsabilité d'aucune sorte de l'auteur de ce livre.

Si le lecteur ne comprend pas un mot ou une phrase de la présente Clause de non-responsabilité, ou qu'il n'en accepte pas en partie ou pleinement les termes, il doit obligatoirement renoncer à toute utilisation de ce livre et s'engage à le supprimer ou le détruire sans délai.

INTRODUCTION

L'intelligence artificielle (IA) transforme rapidement le monde dans lequel nous vivons, touchant presque tous les aspects de notre vie, de la façon dont nous travaillons et communiquons à la façon dont nous recevons des soins de santé et voyageons. Alors que l'IA continue de progresser, il est crucial que nous comprenions ses capacités, ses limites et son impact potentiel sur la société. C'est pourquoi ce livre est une lecture essentielle pour tous ceux qui veulent comprendre le nouveau monde courageux de l'IA.

Dans ce livre, nous explorons les technologies et applications de pointe qui stimulent le développement de l'IA, de l'apprentissage automatique et de l'apprentissage en profondeur au traitement du langage naturel, à la vision par ordinateur et à la robotique. Nous nous penchons sur les industries qui sont transformées par l'IA, notamment la santé, la finance, le marketing, l'éducation, les transports, l'agriculture et l'énergie.

Mais nous regardons également au-delà du battage médiatique et de l'excitation entourant l'IA pour examiner les implications éthiques et sociétales de cette technologie. Quels sont les risques et les défis posés par l'IA ? Comment pouvons-nous garantir que l'IA est développée et utilisée de manière sûre, transparente et éthique ? Quel avenir pour l'IA et comment continuera-t-elle à façonner notre monde ?

Que vous soyez un passionné d'IA, un professionnel de la technologie ou simplement quelqu'un qui souhaite comprendre l'impact de l'IA sur notre monde, ce livre fournit un aperçu complet et accessible de l'état actuel de la recherche et de l'innovation en matière d'IA. Rejoignez-nous dans ce voyage passionnant dans le monde de l'IA et découvrez comment cette technologie transforme notre monde et ce que nous pouvons faire pour améliorer son développement et son utilisation.

Chapitre 1 : Qu'est-ce que l'IA ?

a. Définition de l'IA

L'intelligence artificielle, ou IA, est un terme qui en est venu à représenter un large éventail de technologies et d'applications qui cherchent à permettre aux machines d'effectuer des tâches qui nécessiteraient généralement l'intelligence humaine pour accomplir. À la base, l'IA concerne le développement d'algorithmes et de logiciels capables d'apprendre, de raisonner et de résoudre des problèmes de manière à imiter les capacités cognitives humaines.

L'une des caractéristiques déterminantes de l'IA est sa capacité à apprendre de l'expérience. Ceci est réalisé grâce à un processus connu sous le nom d'apprentissage automatique, dans lequel les algorithmes sont formés sur de grands ensembles de données d'exemples, leur permettant d'identifier des modèles et de faire des prédictions basées sur ces données. Par exemple, un algorithme d'apprentissage automatique peut être formé sur un ensemble de données d'images de chats et de chiens, apprenant à faire la distinction entre les deux et à faire des prédictions sur les nouvelles images qu'il rencontre.

Un autre élément clé de l'IA est l'utilisation d'algorithmes de raisonnement et de prise de décision capables d'analyser les données et de faire des choix éclairés sur la base de cette analyse. Ceci est particulièrement important dans des applications telles que les véhicules autonomes, où les machines doivent être capables de prendre des décisions en une fraction de seconde sur la base de données en temps réel sur leur environnement.

Le traitement du langage naturel (TAL) est un autre domaine important de la recherche sur l'IA, qui vise à permettre aux machines de comprendre et d'interpréter le langage humain. Cela a conduit au développement de chatbots, d'assistants virtuels et d'autres outils capables d'interagir avec les humains en langage naturel, leur permettant d'effectuer des tâches telles que la planification de rendez-vous ou la réponse aux questions du service client.

La vision par ordinateur est un autre domaine important de la recherche sur l'IA, qui vise à permettre aux machines d'interpréter et d'analyser des données visuelles. Cela a conduit au développement d'applications telles que la reconnaissance faciale, la détection d'objets et la classification d'images, qui ont des applications dans des domaines tels que la sécurité, la santé et le divertissement.

Ces dernières années, l'apprentissage en profondeur est devenu une approche particulièrement puissante de l'IA, utilisant des réseaux de neurones pour permettre aux machines d'apprendre et de raisonner de manière complexe. Cela a conduit à des percées dans des domaines tels que la reconnaissance vocale, le traitement du langage naturel et la vision par ordinateur, avec des algorithmes d'apprentissage en profondeur atteignant des niveaux de performance qui étaient auparavant considérés comme impossibles.

L'un des défis de l'IA est de s'assurer que les machines sont capables de fonctionner en toute sécurité et efficacement dans des environnements complexes et imprévisibles. Cela nécessite le développement d'algorithmes sophistiqués capables de répondre aux conditions changeantes et de prendre des décisions intelligentes en temps réel.

Une autre considération importante dans la recherche sur l'IA est les implications éthiques de ces technologies. Cela inclut les préoccupations concernant la confidentialité, les préjugés et la possibilité que l'IA soit utilisée à des fins néfastes. Il est important que le développement et le déploiement des technologies d'IA soient guidés par des principes éthiques qui donnent la priorité à la sécurité et au bien-être des humains.

b. Bref historique de l'IA

L'histoire de l'intelligence artificielle, ou IA, remonte aux premiers jours de l'informatique, lorsque les chercheurs ont commencé à explorer la possibilité de créer des machines capables de penser et de raisonner comme les humains. Les origines de l'IA remontent aux années 1940 et 1950, lorsque des pionniers comme Alan Turing, John von Neumann et Claude Shannon ont commencé à jeter les bases de l'informatique moderne.

L'une des premières percées dans la recherche sur l'IA a eu lieu en 1956, lorsqu'un groupe de chercheurs a organisé la conférence de Dartmouth, largement considérée comme le berceau de l'IA. La conférence a réuni des chercheurs de tous les domaines de l'informatique, de la psychologie et des mathématiques pour discuter de la possibilité de créer des machines capables de penser et de raisonner comme les humains.

Au cours des décennies qui ont suivi, la recherche sur l'IA a progressé rapidement, les chercheurs développant de nouveaux algorithmes et techniques permettant aux machines d'effectuer des tâches de plus en plus complexes. L'une des percées les plus importantes de l'IA a eu lieu dans les années 1980, avec le développement de systèmes experts, qui utilisaient des systèmes basés sur des règles pour simuler les processus de prise de décision d'experts humains dans des domaines spécifiques.

Tout au long des années 1990 et 2000, la recherche en IA a continué de progresser, avec le développement de nouvelles techniques comme l'apprentissage automatique et le traitement du langage naturel. Ces techniques ont permis aux machines d'apprendre à partir des données et d'effectuer des tâches telles que la reconnaissance vocale et la traduction de la langue, qui étaient auparavant considérées comme le domaine exclusif de l'intelligence humaine.

Ces dernières années, l'apprentissage en profondeur est devenu une approche particulièrement puissante de l'IA, utilisant des réseaux de neurones pour permettre aux machines d'apprendre et de raisonner de manière complexe. Cela a conduit à des percées dans des domaines tels que la reconnaissance vocale, le traitement du langage naturel et la vision par ordinateur, avec des algorithmes d'apprentissage en profondeur atteignant des niveaux de performance qui étaient auparavant considérés comme impossibles.

Parallèlement à ces avancées technologiques, il y a également eu un intérêt croissant pour les implications éthiques et sociétales de l'IA. Cela inclut les préoccupations concernant la confidentialité, les préjugés et la possibilité que l'IA soit utilisée à des fins néfastes. Il est important que le développement et le déploiement des technologies d'IA soient guidés par des principes éthiques qui donnent la priorité à la sécurité et au bien-être des humains.

En ce qui concerne l'avenir, il est clair que l'IA continuera à jouer un rôle de plus en plus important dans nos vies, avec des applications allant des soins de santé et des transports à la finance et au divertissement. Cependant, il est également important que nous abordions le développement et le déploiement des technologies d'IA avec prudence et considération, en veillant à ce qu'elles soient conçues et utilisées de manière sûre, transparente et éthique.

c. État actuel de la recherche en IA

Le domaine de l'intelligence artificielle, ou IA, connaît actuellement une période de croissance et d'innovation sans précédent. Les progrès de l'apprentissage automatique, de l'apprentissage en profondeur et du traitement du langage naturel permettent aux machines d'effectuer des tâches qui étaient autrefois considérées comme le domaine exclusif de l'intelligence humaine. Dans cet essai, nous explorerons l'état actuel de la recherche sur l'IA et examinerons certaines des percées et des défis les plus passionnants auxquels le domaine est confronté aujourd'hui.

L'une des avancées récentes les plus importantes dans la recherche en IA est le développement de techniques d'apprentissage en profondeur. Ces techniques utilisent des réseaux de neurones pour permettre aux machines d'apprendre et de raisonner de manière complexe, leur permettant d'effectuer des tâches telles que la reconnaissance vocale, la classification des images et le traitement du langage naturel avec une précision et une vitesse sans précédent. Par exemple, le programme AlphaGo de Google a utilisé des algorithmes d'apprentissage en profondeur pour vaincre le champion du monde de l'ancien jeu de société chinois de Go lors d'un match très médiatisé en 2016.

Un autre domaine de recherche sur l'IA qui a connu des progrès significatifs ces dernières années est le traitement du langage naturel (TAL). La PNL vise à permettre aux machines de comprendre et d'interpréter le langage humain et a conduit au développement de chatbots, d'assistants virtuels et d'autres outils capables d'interagir avec les humains en langage naturel. Par exemple, Siri d'Apple et Alexa d'Amazon sont deux exemples d'assistants virtuels qui utilisent des algorithmes NLP pour comprendre et répondre à la parole humaine.

La vision par ordinateur est un autre domaine important de la recherche en IA qui a connu des progrès significatifs ces dernières années. Ce domaine vise à permettre aux machines d'interpréter et d'analyser les données visuelles et a conduit au développement d'applications telles que la reconnaissance faciale, la détection d'objets et la classification d'images, qui ont des applications dans des domaines tels que la sécurité, la santé et le divertissement.

Malgré ces percées, le domaine de l'IA est également confronté à des défis importants. L'un des plus urgents est la question du biais et de l'équité dans les algorithmes d'IA. On craint de plus en plus que ces algorithmes puissent refléter et amplifier les préjugés sociétaux existants, conduisant à des résultats injustes ou discriminatoires. Par exemple, les algorithmes de reconnaissance faciale se sont révélés moins précis lorsqu'ils sont utilisés pour identifier les personnes à la peau plus foncée, ce qui soulève des inquiétudes quant aux biais potentiels dans les applications des forces de l'ordre.

Un autre défi auquel est confrontée la recherche en IA est la question de l'explicabilité. À mesure que les algorithmes d'IA deviennent plus complexes et sophistiqués, il peut être difficile de comprendre comment ils arrivent à leurs décisions. Cela peut être problématique dans des applications telles que les soins de santé, où il est important de pouvoir comprendre comment les algorithmes d'IA parviennent aux diagnostics et aux recommandations de traitement.

Malgré ces défis, il ne fait aucun doute que la recherche sur l'IA est sur le point de continuer à transformer profondément notre monde dans les années à venir. Des véhicules autonomes et de la médecine personnalisée aux villes intelligentes et aux assistants virtuels, les possibilités de l'IA ne sont limitées que par notre imagination et notre créativité. Alors que nous parcourons les opportunités et les défis de ce domaine en évolution rapide, il est important que nous abordions l'IA avec un sens de la curiosité, de l'émerveillement et de la responsabilité, en veillant à utiliser ces technologies de manière sûre, éthique et bénéfique pour tous.

Chapitre 2 : Apprentissage automatique

a. Enseignement supervisé

L'apprentissage supervisé est une catégorie d'algorithmes d'apprentissage automatique qui impliquent la formation d'un modèle d'apprentissage automatique sur un ensemble de données étiqueté. Dans l'apprentissage supervisé, le modèle est fourni avec un ensemble de données d'entrée et un ensemble correspondant de valeurs de sortie, et il est formé pour apprendre la relation entre les valeurs d'entrée et de sortie. Cette approche s'est avérée très efficace dans un large éventail d'applications, de la reconnaissance d'images et de la parole au traitement du langage naturel et à l'analyse prédictive.

L'idée de base derrière l'apprentissage supervisé est de former un modèle pour prédire la valeur de sortie correcte pour une valeur d'entrée donnée. Par exemple, un algorithme d'apprentissage supervisé pour la classification d'images peut être formé sur un ensemble de données d'images étiquetées, où chaque image se voit attribuer une étiquette indiquant l'objet ou les objets qu'elle contient. L'algorithme serait alors formé pour reconnaître les objets dans de nouvelles images en fonction de leurs caractéristiques visuelles.

Il existe plusieurs types d'algorithmes d'apprentissage supervisé, notamment les arbres de décision, les machines à vecteurs de support (SVM) et les réseaux de neurones. Les arbres de décision sont un type d'algorithme simple et intuitif qui fonctionne en divisant de manière récursive les données en sous-ensembles de plus en plus petits en fonction de différentes caractéristiques. Les SVM sont un autre type populaire d'algorithme d'apprentissage supervisé qui utilise une fonction de noyau pour mapper les données d'entrée dans un espace de dimension supérieure, où elles peuvent être plus facilement séparées en différentes classes.

Les réseaux de neurones sont l'un des types d'algorithmes d'apprentissage supervisé les plus puissants et les plus polyvalents, et ont été utilisés pour obtenir des performances de pointe dans un large éventail d'applications. Les réseaux de neurones fonctionnent en simulant le comportement des neurones dans le cerveau, en utilisant des couches de nœuds interconnectés pour traiter et analyser les données d'entrée. Les réseaux de neurones profonds, qui comportent de nombreuses couches de nœuds, sont particulièrement efficaces pour apprendre des modèles complexes de données et ont été utilisés pour réaliser des percées dans des domaines tels que la reconnaissance d'images et de la parole.

L'apprentissage supervisé a un large éventail d'applications dans des domaines tels que la santé, la finance et le marketing. Dans le domaine de la santé, les algorithmes d'apprentissage supervisé peuvent être utilisés pour prédire les résultats des patients en fonction de leurs antécédents médicaux et d'autres données, aidant ainsi les médecins à prendre des décisions plus éclairées concernant le traitement. En finance, les algorithmes d'apprentissage supervisé peuvent être utilisés pour prédire les cours des actions et d'autres tendances du marché, aidant ainsi les investisseurs à prendre de meilleures décisions d'investissement. Et en marketing, les algorithmes d'apprentissage supervisé peuvent être utilisés pour prédire le comportement des clients et optimiser les campagnes publicitaires.

b. Apprentissage non supervisé

L'apprentissage non supervisé est un type d'apprentissage automatique dans lequel le modèle n'est pas fourni avec des données étiquetées. Au lieu de cela, le modèle doit trouver lui-même des modèles et une structure dans les données. Cette approche est particulièrement utile lorsque les données ne sont pas structurées ou qu'il n'y a pas de système d'étiquetage clair disponible. L'apprentissage non supervisé a de nombreuses applications, notamment le clustering, la détection d'anomalies et la réduction de la dimensionnalité.

Le clustering est l'une des applications les plus courantes de l'apprentissage non supervisé. L'objectif du regroupement est de regrouper des points de données similaires, en fonction d'une certaine mesure de similarité. Les algorithmes de clustering peuvent être utilisés pour regrouper les clients en fonction de leur comportement d'achat ou pour regrouper les articles d'actualité en fonction de leur contenu.

La détection d'anomalies est une autre application importante de l'apprentissage non supervisé. L'objectif de la détection des anomalies est d'identifier les points de données qui sont significativement différents du reste des données. Cela peut être utile pour détecter une fraude ou un comportement inhabituel dans des systèmes complexes.

La réduction de la dimensionnalité est une autre application importante de l'apprentissage non supervisé. L'objectif de la réduction de la dimensionnalité est de réduire le nombre d'entités dans un jeu de données, tout en conservant autant d'informations que possible. Cela peut être utile pour réduire la complexité d'un ensemble de données, ce qui facilite son analyse et sa visualisation.

Un type courant d'algorithme d'apprentissage non supervisé est l'auto-encodeur. Les auto-encodeurs sont des réseaux de neurones formés pour coder les données d'entrée dans une représentation compressée, puis décoder cette représentation dans les données d'origine. En apprenant à compresser les données, les auto-encodeurs peuvent être utilisés pour des tâches telles que le débruitage d'image et la compression de données.

Un autre algorithme d'apprentissage non supervisé populaire est l'algorithme k-means. L'algorithme k-means est un algorithme de clustering qui partitionne les données en k clusters, où k est un nombre prédéfini. L'algorithme fonctionne en attribuant de manière itérative des points de données au centre de cluster le plus proche, puis en mettant à jour les centres de cluster en fonction des nouvelles affectations.

L'analyse en composantes principales (ACP) est une autre technique d'apprentissage non supervisée importante. L'ACP est une technique de réduction de la dimensionnalité qui trouve les combinaisons linéaires des caractéristiques d'origine qui expliquent le plus de variance dans les données. Cela peut être utile pour réduire la dimensionnalité des ensembles de données de grande dimension, tout en conservant la plupart des informations.

Malgré ses nombreuses applications, l'apprentissage non supervisé présente également des défis et des limites. L'un des plus grands défis est l'absence d'une métrique d'évaluation claire. Sans données étiquetées, il peut être difficile de mesurer les performances d'un algorithme d'apprentissage non supervisé. De plus, les algorithmes d'apprentissage non supervisé peuvent être sensibles au choix des hyperparamètres, qui peuvent être difficiles à régler en pratique.

c. Apprentissage par renforcement

L'apprentissage par renforcement est un type d'apprentissage automatique dans lequel un agent apprend à prendre des mesures dans un environnement afin de maximiser un signal de récompense. Cette approche est particulièrement utile lorsque l'action optimale n'est pas connue à l'avance et que l'agent doit explorer l'environnement afin d'apprendre le meilleur plan d'action. L'apprentissage par renforcement a de nombreuses applications, notamment le jeu, la robotique et l'optimisation.

Au cœur de l'apprentissage par renforcement se trouve l'idée d'un signal de récompense. L'agent entreprend des actions dans l'environnement et reçoit un signal de récompense basé sur ses actions. L'objectif de l'agent est d'apprendre une politique qui maximise sa récompense cumulative au fil du temps. Cela peut être fait en utilisant des techniques telles que l'itération de valeur, l'itération de politique et le Q-learning.

Un exemple classique d'apprentissage par renforcement est le jeu d'échecs. Dans ce jeu, l'agent (le joueur d'échecs) effectue des actions (mouvements) dans l'environnement (l'échiquier) et reçoit un signal de récompense (points pour la capture des pièces de l'adversaire). L'agent doit apprendre une politique qui maximise sa récompense cumulée (points) au cours du jeu.

Une autre application importante de l'apprentissage par renforcement est la robotique. Dans ce contexte, l'agent est un robot qui agit dans l'environnement (le monde physique) et reçoit un signal de récompense (une mesure de l'accomplissement de la tâche). Le robot doit apprendre une politique qui maximise sa récompense cumulée (achèvement de la tâche) au fil du temps. Cela peut être utilisé pour des tâches telles que la navigation, la manipulation et l'assemblage.

L'apprentissage par renforcement peut également être utilisé pour des problèmes d'optimisation, où le but est de trouver la meilleure solution à un problème. Par exemple, l'apprentissage par renforcement peut être utilisé pour optimiser le placement des éoliennes dans un parc éolien, afin de maximiser la production d'énergie tout en minimisant les coûts.

L'un des défis de l'apprentissage par renforcement est le compromis exploration-exploitation. Afin d'apprendre la politique optimale, l'agent doit explorer l'environnement et essayer différentes actions. Cependant, il doit également exploiter les informations qu'il a déjà apprises afin de maximiser sa récompense cumulée. Équilibrer l'exploration et l'exploitation est un problème difficile, et il existe de nombreuses techniques pour y parvenir, telles que l'exploration gourmande en epsilon et la recherche arborescente de Monte Carlo.

Un autre défi de l'apprentissage par renforcement est le problème de l'attribution des crédits. Lorsque l'agent reçoit un signal de récompense, il peut être difficile de déterminer quelles actions ont conduit à la récompense. Ce problème est particulièrement aigu dans les tâches à long terme, où les récompenses sont retardées et les relations causales entre les actions et les récompenses sont complexes.

Malgré ces défis, l'apprentissage par renforcement présente de nombreux avantages. Il s'agit d'une approche flexible qui peut être appliquée à un large éventail de problèmes et qui peut apprendre des politiques complexes difficiles à concevoir à la main. C'est aussi une approche sans modèle, ce qui signifie qu'elle ne nécessite pas de connaissance a priori de l'environnement ou de la politique optimale.

Chapitre 3 : Apprentissage en profondeur

a. Les réseaux de neurones

Les réseaux de neurones sont un type de modèle d'apprentissage automatique basé sur la structure et la fonction du cerveau humain. Ils sont utilisés dans un large éventail d'applications, de la reconnaissance d'images au traitement du langage naturel, et sont particulièrement efficaces pour résoudre des problèmes difficiles à résoudre avec des algorithmes traditionnels. Les réseaux de neurones sont composés de nœuds (ou neurones) interconnectés qui sont organisés en couches, et ils peuvent être entraînés à l'aide de diverses techniques, telles que la rétropropagation et la descente de gradient stochastique.

L'une des principales caractéristiques des réseaux de neurones est leur capacité à apprendre des données. Ils sont capables d'extraire des modèles et des caractéristiques à partir de données d'entrée et de les utiliser pour faire des prédictions ou des classifications. Par exemple, un réseau de neurones peut être formé pour reconnaître les chiffres manuscrits ou pour prédire la probabilité qu'un client quitte un service d'abonnement.

Les réseaux de neurones peuvent être divisés en plusieurs types, en fonction de leur structure et de leur fonction. Un type courant est le réseau neuronal à anticipation, qui se compose d'une couche d'entrée, d'une ou plusieurs couches cachées et d'une couche de sortie. Les nœuds de chaque couche sont connectés aux nœuds de la couche suivante, mais il n'y a pas de connexions entre les nœuds de la même couche.

Un autre type de réseau de neurones est le réseau de neurones récurrent, qui a des connexions entre les nœuds d'une même couche, leur permettant de conserver des informations au fil du temps. Les réseaux de neurones récurrents sont particulièrement utiles pour les tâches impliquant des données séquentielles, telles que le traitement du langage naturel et la reconnaissance vocale.

Les réseaux de neurones convolutifs sont un autre type de réseau de neurones particulièrement efficace pour les tâches de reconnaissance d'images et de vidéos. Ils utilisent un processus appelé convolution pour extraire les caractéristiques de l'image d'entrée, puis utilisent ces caractéristiques pour classer l'image.

L'un des défis des réseaux de neurones est le surajustement, qui se produit lorsque le modèle est trop complexe et correspond trop étroitement aux données d'apprentissage. Cela peut entraîner de mauvaises performances sur de nouvelles données invisibles. Des techniques de régularisation, telles que l'abandon et la perte de poids, peuvent être utilisées pour éviter le surajustement.

Un autre défi des réseaux de neurones est le choix des hyperparamètres, tels que le nombre de couches cachées et le taux d'apprentissage. Choisir les bons hyperparamètres peut avoir un impact significatif sur les performances du modèle. Des techniques telles que la recherche par grille et la recherche aléatoire peuvent être utilisées pour trouver les hyperparamètres optimaux.

Malgré ces défis, les réseaux de neurones ont obtenu un succès remarquable dans un large éventail d'applications. Ils ont été utilisés pour battre des champions humains à des jeux comme le go et les échecs, pour générer des images et des vidéos réalistes et pour améliorer le diagnostic et le traitement médical.

b. Réseaux de neurones convolutifs

Les réseaux de neurones convolutifs (CNN) sont un type de réseau de neurones particulièrement efficace pour traiter et analyser des images et des vidéos. Ils utilisent un processus appelé convolution pour extraire les caractéristiques de l'image d'entrée, qui sont ensuite utilisées pour classer l'image. Les CNN ont remporté un succès remarquable dans un large éventail d'applications, de la reconnaissance d'images à la conduite autonome, et sont susceptibles d'être un élément clé de l'avenir de l'intelligence artificielle.

Le processus de convolution consiste à faire glisser un filtre (ou noyau) sur l'image d'entrée et à effectuer un produit scalaire entre le filtre et chaque sous-région de l'image. Cela produit une carte des caractéristiques, qui met en évidence les zones de l'image qui sont particulièrement pertinentes pour la tâche de classification. Les cartes d'entités de chaque couche sont ensuite introduites dans la couche suivante, qui effectue un autre cycle de convolution et d'extraction d'entités.

L'un des principaux avantages des CNN est leur capacité à apprendre les fonctionnalités locales. Ils sont capables d'identifier des motifs et des caractéristiques dans des régions spécifiques de l'image d'entrée, sans être affectés par les changements dans d'autres régions. Cela leur permet d'être particulièrement efficaces pour traiter des images complexes et bruitées, telles que celles rencontrées en imagerie médicale ou en imagerie satellitaire.

Un autre avantage des CNN est leur capacité à apprendre des fonctionnalités hiérarchiques. Les couches inférieures du réseau apprennent les caractéristiques de base telles que les bords et les coins, tandis que les couches supérieures apprennent des caractéristiques plus complexes telles que les formes et les textures. Cela leur permet de capturer un large éventail de caractéristiques et de modèles dans l'image d'entrée, et de faire des classifications précises basées sur ces caractéristiques.

Les CNN ont été utilisés dans un large éventail d'applications, de la reconnaissance d'images à la conduite autonome. Un exemple est le défi ImageNet, une compétition dans laquelle les participants sont chargés de reconnaître des objets dans un grand ensemble de données d'images. En 2012, un CNN appelé AlexNet a remporté le concours avec une précision nettement supérieure aux méthodes précédentes. Depuis lors, les CNN ont dominé la concurrence, avec des niveaux de précision croissants chaque année.

Un autre exemple est l'utilisation des CNN dans la conduite autonome. Les CNN peuvent être utilisés pour identifier et suivre des objets en temps réel, permettant aux véhicules autonomes de naviguer en toute sécurité et d'éviter les collisions. Ils peuvent également être utilisés pour détecter les panneaux de signalisation, les marquages au sol et d'autres caractéristiques importantes de l'environnement routier.

Malgré leur succès, les CNN ont certaines limites. Ils sont coûteux en calcul et nécessitent une grande quantité de données d'entraînement pour atteindre des niveaux de précision élevés. Ils peuvent également être sensibles aux attaques contradictoires, dans lesquelles de petites modifications de l'image d'entrée peuvent amener le réseau à mal classer l'image.

c. Réseaux de neurones récurrents

Les réseaux de neurones récurrents (RNN) sont un type de réseau de neurones particulièrement efficace pour traiter des données séquentielles.

Ils ont la capacité d'apprendre des entrées précédentes, ce qui leur permet de capturer les dépendances temporelles présentes dans les données. Les RNN ont obtenu un succès remarquable dans un large éventail d'applications, de la reconnaissance vocale au traitement du langage naturel, et sont susceptibles d'être un élément clé de l'avenir de l'intelligence artificielle.

La principale caractéristique des RNN est leur capacité à maintenir un état caché qui est mis à jour au fur et à mesure que de nouvelles entrées sont traitées. Cela leur permet de se souvenir des informations des entrées précédentes et d'utiliser ces informations pour influencer le traitement des entrées futures. L'état caché est mis à jour à l'aide d'une connexion récurrente, ce qui permet aux informations de circuler d'un pas de temps à l'autre.

L'un des principaux avantages des RNN est leur capacité à gérer des séquences de longueur variable. Contrairement aux réseaux de neurones traditionnels, qui nécessitent des entrées de longueur fixe, les RNN peuvent gérer des entrées de n'importe quelle longueur, ce qui les rend bien adaptés à des tâches telles que la reconnaissance vocale et le traitement du langage naturel.

Les RNN ont été utilisés dans un large éventail d'applications, de la traduction linguistique à la génération de musique. Un exemple est l'utilisation des RNN dans la reconnaissance vocale. Les RNN peuvent être utilisés pour modéliser les propriétés acoustiques de la parole, leur permettant de transcrire des mots prononcés avec une grande précision. Ils peuvent également être utilisés pour modéliser le contexte linguistique de la parole, leur permettant d'améliorer la précision des systèmes de reconnaissance de la parole.

Un autre exemple est l'utilisation des RNN dans le traitement du langage naturel. Les RNN peuvent être utilisés pour modéliser les relations entre les mots d'une phrase, leur permettant d'effectuer des tâches telles que l'analyse des sentiments et la génération de texte. Ils peuvent également être utilisés pour modéliser des dépendances à long terme dans les données, leur permettant d'effectuer des tâches telles que la traduction automatique et la synthèse.

Malgré leur succès, les RNN ont certaines limites. Ils peuvent être coûteux en calcul et nécessiter une grande quantité de données d'entraînement pour atteindre des niveaux de précision élevés. Ils peuvent également souffrir du problème du gradient de disparition, dans lequel les gradients utilisés pour l'apprentissage deviennent très petits à mesure qu'ils se propagent dans le temps, ce qui rend difficile l'apprentissage des dépendances à long terme.

Chapitre 4 : Traitement automatique du langage naturel

a. Syntaxe et sémantique

La syntaxe et la sémantique sont deux concepts fondamentaux dans le domaine du traitement du langage naturel (TAL). Ils concernent respectivement la structure et la signification du langage et sont essentiels pour comprendre et générer un langage à l'aide d'ordinateurs.

La syntaxe fait référence aux règles régissant la structure d'une langue. Ces règles déterminent comment les mots sont combinés pour former des phrases et comment ces phrases sont structurées. La syntaxe concerne les propriétés formelles du langage, telles que l'ordre des mots, la structure des phrases et les règles grammaticales. Par exemple, en anglais, le sujet vient généralement avant le verbe dans une phrase, et l'objet vient généralement après le verbe.

La sémantique, quant à elle, s'intéresse au sens du langage. Il s'intéresse à la relation entre les mots et le monde auquel ils se réfèrent, et à la manière dont ces relations sont représentées dans le langage. La sémantique concerne le sens des mots, des phrases et des textes, et la manière dont ce sens est transmis. Par exemple, le mot "chien" fait référence à un type spécifique d'animal, et le mot "course" fait référence à un type d'activité spécifique.

En TAL, la syntaxe et la sémantique sont toutes deux importantes pour comprendre et générer un langage à l'aide d'ordinateurs. L'analyse syntaxique consiste à décomposer une phrase en ses parties constituantes et à analyser comment ces parties sont liées les unes aux autres. Cela peut impliquer d'identifier des parties du discours, de déterminer la structure de la phrase et d'analyser les règles grammaticales qui régissent la phrase.

L'analyse sémantique, quant à elle, consiste à déterminer le sens d'une phrase ou d'un texte. Cela peut impliquer d'identifier les entités et les relations présentes dans le texte, ainsi que les actions et les événements décrits. Par exemple, dans la phrase « John a donné un coup de pied au ballon », l'analyse sémantique impliquerait d'identifier John comme l'agent de l'action et le ballon comme le patient.

L'un des défis de la PNL est de gérer l'ambiguïté présente dans le langage naturel. Cela peut provenir de l'utilisation d'homonymes, comme « banque » (qui peut désigner une institution financière ou le bord d'une rivière), ou de l'utilisation d'un langage figuré, comme les métaphores et les idiomes. Par exemple, l'expression "coup de pied dans le seau" est un idiome qui signifie mourir et ne peut pas être interprété littéralement.

Pour relever ces défis, les chercheurs en PNL ont développé une gamme de techniques, notamment des approches basées sur des règles, des approches statistiques et des approches d'apprentissage automatique. Ces techniques impliquent l'analyse de grandes quantités de données textuelles pour identifier des modèles et apprendre les règles régissant la langue.

b. Analyse des sentiments

L'analyse des sentiments est une branche du traitement du langage naturel qui vise à extraire et à classer les informations subjectives d'un texte. Il s'agit de déterminer le ton émotionnel général d'un morceau de texte, qu'il soit positif, négatif ou neutre. L'analyse des sentiments est utilisée dans une variété d'applications, y compris la recherche marketing, le service client et l'analyse des médias sociaux.

L'un des défis de l'analyse des sentiments est de traiter la complexité des émotions humaines. Le texte peut exprimer un large éventail d'émotions, y compris la colère, la joie, la tristesse et la surprise. Les techniques d'analyse des sentiments doivent être capables d'identifier et de classer avec précision ces émotions, ainsi que l'intensité et la polarité de ces émotions.

Il existe plusieurs techniques utilisées dans l'analyse des sentiments, notamment les approches basées sur des règles, les approches d'apprentissage automatique et les approches hybrides. Les approches basées sur des règles s'appuient sur des règles et des dictionnaires prédéfinis pour identifier les sentiments dans le texte, tandis que les approches d'apprentissage automatique utilisent des algorithmes pour apprendre à partir des données et faire des prédictions.

Une approche populaire de l'analyse des sentiments consiste à utiliser des lexiques de sentiments, qui sont des bases de données de mots et de phrases avec des scores de sentiment pré-attribués. Ces lexiques peuvent être utilisés pour classer le texte en fonction du sentiment général des mots et des phrases utilisés. Par exemple, le mot "heureux" se verrait attribuer un score de sentiment positif, tandis que le mot "en colère" se verrait attribuer un score de sentiment négatif.

Une autre approche de l'analyse des sentiments consiste à utiliser des techniques d'apprentissage en profondeur, telles que les réseaux de neurones. Ces techniques impliquent la formation d'un modèle sur un grand ensemble de données de texte étiqueté pour prédire le sentiment d'un nouveau texte. Par exemple, un réseau de neurones pourrait être formé sur un ensemble de données d'avis de clients pour prédire le sentiment des nouveaux avis.

L'analyse des sentiments a un large éventail d'applications, y compris le service client, les études de marché et l'analyse des médias sociaux. Dans le service client, l'analyse des sentiments peut être utilisée pour identifier et répondre aux plaintes et commentaires des clients. Dans les études de marché, il peut être utilisé pour comprendre les préférences et les opinions des consommateurs. Dans l'analyse des médias sociaux, il peut être utilisé pour surveiller et suivre le sentiment d'une marque ou d'un sujet.

Malgré les progrès des techniques d'analyse des sentiments, il reste des difficultés à identifier avec précision les sentiments dans le texte. L'un des défis consiste à gérer le sarcasme et l'ironie, qui peuvent être difficiles à identifier à l'aide des techniques traditionnelles d'analyse des sentiments. Un autre défi consiste à gérer le contexte, car le sentiment d'un morceau de texte peut varier en fonction du contexte dans lequel il est utilisé.

c. Chatbots et assistants virtuels

Les chatbots et les assistants virtuels sont des programmes informatiques conçus pour simuler une conversation humaine et effectuer des tâches pour les utilisateurs. Ils sont alimentés par des technologies de traitement du langage naturel (NLP) et d'apprentissage automatique, ce qui leur permet de comprendre et de répondre aux entrées de l'utilisateur de manière conversationnelle. Les chatbots et les assistants virtuels sont de plus en plus populaires, avec un large éventail d'applications dans des domaines tels que le service client, la santé et l'assistance personnelle.

L'un des avantages des chatbots et des assistants virtuels est leur capacité à fournir une assistance 24h/24 et 7j/7 aux utilisateurs. Ils peuvent gérer les requêtes et les tâches courantes, telles que la prise de rendez-vous, les réservations et les réponses aux questions fréquemment posées, sans intervention humaine. Cela permet aux entreprises d'économiser du temps et des ressources, tout en offrant une expérience pratique et efficace aux utilisateurs.

Un autre avantage des chatbots et des assistants virtuels est leur capacité à personnaliser les interactions avec les utilisateurs. En utilisant des données et des informations sur les préférences et le comportement d'un utilisateur, les chatbots et les assistants virtuels peuvent adapter leurs réponses et leurs recommandations pour mieux répondre aux besoins de l'utilisateur. Cela peut conduire à des niveaux plus élevés d'engagement et de satisfaction pour les utilisateurs.

Les chatbots et les assistants virtuels sont également utilisés dans les soins de santé pour fournir un soutien et des conseils aux patients. Ils peuvent répondre aux questions sur les médicaments, les symptômes et les options de traitement, ainsi que fournir des rappels pour les rendez-vous et les horaires de prise de médicaments. Cela peut aider à améliorer les résultats pour les patients et à réduire la charge de travail des professionnels de la santé.

Dans le domaine de l'assistance à la personne, les assistants virtuels tels que Siri et Alexa sont de plus en plus populaires. Ces assistants peuvent effectuer un large éventail de tâches, de la définition de rappels et de la lecture de musique au contrôle des appareils domestiques intelligents et à la commande de courses. Ils sont conçus pour être faciles à utiliser et accessibles, permettant aux utilisateurs d'interagir avec eux en utilisant un langage naturel.

Les chatbots et les assistants virtuels sont alimentés par une gamme de technologies, notamment des systèmes basés sur des règles, des arbres de décision et des algorithmes d'apprentissage automatique. Les algorithmes d'apprentissage automatique permettent aux chatbots et aux assistants virtuels d'améliorer leurs performances au fil du temps, en apprenant des interactions des utilisateurs et en ajustant leurs réponses en conséquence.

Chapitre 5 : Vision par ordinateur

a. Détection d'objet

La détection d'objets est une technologie de vision par ordinateur qui permet aux ordinateurs d'identifier et de localiser des objets dans une image ou un flux vidéo. Il s'agit d'une technologie essentielle pour des applications telles que les voitures autonomes, la robotique et les systèmes de sécurité. La détection d'objets fonctionne en analysant une image ou un flux vidéo et en identifiant les régions qui contiennent des objets d'intérêt. Il détermine ensuite l'emplacement, la taille et la forme de chaque objet et lui attribue une catégorie, telle qu'une personne, une voiture ou un bâtiment.

Il existe plusieurs approches de détection d'objets, notamment la correspondance de modèles, les méthodes basées sur les fonctionnalités et les méthodes basées sur l'apprentissage en profondeur. La correspondance de modèle consiste à comparer une image à un modèle prédéfini pour identifier les régions qui correspondent au modèle. Les méthodes basées sur les caractéristiques analysent une image pour identifier les caractéristiques clés, telles que les bords ou les coins, qui sont ensuite utilisées pour identifier les objets. Les méthodes basées sur l'apprentissage en profondeur, telles que les réseaux de neurones convolutifs (CNN), utilisent de grandes quantités de données d'apprentissage pour apprendre à identifier des objets dans des images et des vidéos.

La détection d'objets a un large éventail d'applications, y compris les véhicules autonomes, les systèmes de sécurité et la robotique. Dans le domaine des véhicules autonomes, la détection d'objets est utilisée pour identifier et suivre d'autres véhicules, piétons et obstacles sur la route. Ces informations sont utilisées pour prendre des décisions concernant la vitesse et la direction du véhicule, garantissant une navigation sûre et efficace.

Dans les systèmes de sécurité, la détection d'objets est utilisée pour identifier et suivre les personnes et les objets en temps réel. Cela permet au personnel de sécurité de surveiller une vaste zone et de réagir rapidement à toute menace potentielle. La détection d'objets est également utilisée en robotique, où elle est utilisée pour identifier et manipuler des objets dans une variété d'environnements.

L'un des défis de la détection d'objets concerne l'occlusion, où les objets peuvent être partiellement ou complètement masqués par d'autres objets. Cela peut rendre difficile pour les ordinateurs d'identifier et de localiser avec précision les objets. Un autre défi consiste à gérer les variations d'apparence des objets, telles que les changements d'éclairage ou de point de vue. Ces variations peuvent rendre difficile pour les ordinateurs la distinction entre différents objets.

b. Classement des images

La classification des images est une technologie de vision par ordinateur qui permet aux ordinateurs de classer les images en différentes classes en fonction de leur contenu. Il s'agit d'une technologie essentielle pour des applications telles que la récupération d'images, le diagnostic médical et la reconnaissance faciale. La classification des images fonctionne en analysant les caractéristiques visuelles d'une image, telles que sa couleur, sa texture et sa forme, et en l'affectant à une catégorie prédéfinie.

Il existe plusieurs approches de la classification des images, y compris la correspondance des modèles, les méthodes basées sur les fonctionnalités et les méthodes basées sur l'apprentissage en profondeur. La correspondance de modèle consiste à comparer une image à un modèle prédéfini pour déterminer sa catégorie. Les méthodes basées sur les caractéristiques analysent une image pour identifier les caractéristiques clés, telles que les bords ou les coins, qui sont ensuite utilisées pour déterminer sa catégorie. Les méthodes basées sur l'apprentissage en profondeur, telles que les réseaux de neurones convolutifs (CNN), utilisent de grandes quantités de données de formation pour apprendre à identifier et à catégoriser les images.

La classification d'images a un large éventail d'applications, y compris la reconnaissance faciale, le diagnostic médical et le contrôle qualité dans la fabrication. Dans la reconnaissance faciale, la classification des images est utilisée pour identifier des individus spécifiques en fonction de leurs caractéristiques faciales. Dans le diagnostic médical, la classification d'images est utilisée pour analyser des images médicales, telles que des rayons X et des IRM, afin d'identifier des anomalies ou des maladies potentielles. Dans la fabrication, la classification des images est utilisée pour analyser les produits afin de s'assurer qu'ils répondent aux normes de qualité.

L'un des défis de la classification d'images consiste à gérer les variations d'apparence de l'image, telles que les changements d'éclairage ou de point de vue. Ces variations peuvent compliquer la classification précise des images par les ordinateurs. Un autre défi consiste à traiter des images complexes qui contiennent plusieurs objets ou régions d'intérêt. Ces images complexes nécessitent des algorithmes plus avancés pour les classer avec précision.

Malgré ces défis, la classification des images est un domaine qui évolue rapidement, avec de nouveaux algorithmes et techniques développés en permanence. À mesure que les ordinateurs deviennent plus puissants et que les ensembles de données deviennent plus grands et plus diversifiés, la classification des images est susceptible de devenir encore plus précise et fiable, ouvrant de nouvelles possibilités d'applications dans des domaines tels que la santé, l'agriculture et la surveillance de l'environnement.

Un domaine de recherche passionnant dans la classification des images est l'apprentissage par transfert, qui consiste à utiliser des modèles pré-formés pour classer de nouvelles images avec des données de formation limitées. Cette approche a le potentiel d'améliorer considérablement la précision et l'efficacité de la classification des images, en particulier dans les domaines où les données d'entraînement étiquetées sont rares.

c. La reconnaissance faciale

La reconnaissance faciale est une technologie de vision par ordinateur qui permet aux ordinateurs d'identifier les individus en fonction de leurs caractéristiques faciales. Il s'agit d'une technologie essentielle pour des applications telles que la sécurité, le marketing et les médias sociaux. La reconnaissance faciale fonctionne en analysant les caractéristiques uniques du visage d'un individu, telles que la distance entre ses yeux ou la forme de son nez, et en les comparant à une base de données prédéfinie de visages.

Il existe plusieurs approches de la reconnaissance faciale, notamment la reconnaissance faciale 2D et 3D, ainsi que des méthodes basées sur l'apprentissage en profondeur. La reconnaissance faciale 2D consiste à analyser une image d'un visage pour identifier les principales caractéristiques et les comparer à une base de données prédéfinie de visages. La reconnaissance faciale 3D utilise des capteurs pour capturer une image tridimensionnelle d'un visage, ce qui peut fournir des résultats plus précis et plus fiables. Les méthodes basées sur l'apprentissage en profondeur, telles que les réseaux de neurones convolutifs (CNN), utilisent de grandes quantités de données de formation pour apprendre à identifier et à reconnaître les visages.

La reconnaissance faciale a un large éventail d'applications, y compris la sécurité et la surveillance, le marketing et la publicité, et les médias sociaux. Dans la sécurité et la surveillance, la reconnaissance faciale est utilisée pour identifier les individus qui peuvent constituer une menace ou qui ont commis un crime. Dans le marketing et la publicité, la reconnaissance faciale est utilisée pour analyser le comportement des consommateurs et adapter les publicités aux préférences individuelles. Dans les médias sociaux, la reconnaissance faciale est utilisée pour identifier et taguer des individus sur des photos et des vidéos.

L'un des défis de la reconnaissance faciale est le respect de la vie privée. Les critiques soutiennent que la technologie peut être utilisée pour suivre des individus sans leur consentement et qu'elle peut être utilisée pour discriminer certains groupes. Un autre défi consiste à gérer les variations de l'apparence du visage, telles que les changements d'éclairage ou d'expression. Ces variations peuvent rendre difficile la reconnaissance précise des visages par les ordinateurs.

Malgré ces défis, la reconnaissance faciale est un domaine qui progresse rapidement, avec de nouveaux algorithmes et techniques développés en permanence. À mesure que les ordinateurs deviennent plus puissants et que les ensembles de données deviennent plus grands et plus diversifiés, la reconnaissance faciale est susceptible de devenir encore plus précise et fiable, ouvrant de nouvelles possibilités d'applications dans une variété de domaines.

Un domaine de recherche passionnant dans le domaine de la reconnaissance faciale est la reconnaissance des émotions, qui consiste à analyser les expressions faciales pour déterminer l'état émotionnel d'un individu. Cette technologie a le potentiel d'améliorer la communication et d'améliorer l'interaction homme-ordinateur, ainsi que de fournir des informations précieuses sur le comportement des consommateurs et la santé mentale.

Chapitre 6 : Robotique

a. Robots autonomes

Les robots autonomes sont des systèmes robotiques capables d'effectuer des tâches sans intervention ou guidage humain. Ces robots sont équipés de capteurs, d'actionneurs et de systèmes informatiques qui leur permettent de percevoir leur environnement, de planifier et d'exécuter des actions et de s'adapter aux circonstances changeantes. Les robots autonomes ont le potentiel de révolutionner un large éventail d'industries, de la fabrication et de la logistique aux soins de santé et à l'agriculture.

L'un des principaux avantages des robots autonomes est leur capacité à travailler dans des environnements dangereux ou difficiles d'accès pour les humains. Par exemple, les robots peuvent être utilisés pour explorer des environnements en haute mer, effectuer des tâches de maintenance dans des endroits dangereux tels que des centrales nucléaires ou naviguer sur des terrains accidentés lors d'opérations de recherche et de sauvetage.

Les robots autonomes sont également de plus en plus utilisés dans la fabrication et la logistique, où ils peuvent effectuer des tâches répétitives ou physiquement exigeantes telles que le chargement et le déchargement de marchandises ou l'assemblage de produits. Ces robots peuvent travailler 24 heures sur 24, augmentant l'efficacité et la productivité tout en réduisant le risque d'erreur humaine.

Dans le domaine de la santé, des robots autonomes sont en cours de développement pour aider à des tâches telles que les soins aux patients et la gestion des médicaments. Par exemple, les robots peuvent être utilisés pour administrer des médicaments ou aider à la mobilité des patients âgés ou handicapés. Dans l'agriculture, des robots autonomes sont utilisés pour surveiller les cultures et effectuer des tâches telles que la plantation et la récolte, réduisant ainsi le besoin de main-d'œuvre humaine et augmentant les rendements des cultures.

L'un des principaux défis du développement de robots autonomes est d'assurer leur sécurité et leur fiabilité. Les robots doivent être capables de percevoir avec précision leur environnement et de prendre des décisions en temps réel pour éviter les collisions et autres dangers. Pour y parvenir, les chercheurs développent des capteurs avancés et des algorithmes d'apprentissage automatique capables d'analyser des données provenant de plusieurs sources pour prendre des décisions plus précises.

Un autre défi est de s'assurer que les robots autonomes sont capables d'interagir efficacement avec les humains. Par exemple, les robots peuvent avoir besoin de comprendre le langage naturel et de répondre de manière appropriée aux commandes verbales, ou être capables de naviguer dans des espaces publics bondés sans causer de perturbations ni mettre en danger la sécurité humaine.

b. Interaction homme-robot

L'interaction homme-robot (HRI) est un domaine interdisciplinaire qui se concentre sur le développement de robots capables d'interagir avec les humains de manière naturelle et intuitive. La recherche en HRI couvre un éventail de disciplines, y compris l'informatique, la robotique, la psychologie et la sociologie. L'objectif de HRI est de développer des robots sûrs, fiables et faciles à utiliser, et qui peuvent travailler aux côtés des humains dans une variété de paramètres.

L'un des principaux défis de l'HRI est de développer des robots capables de comprendre et de répondre au langage et au comportement humains. Par exemple, les robots peuvent avoir besoin d'être capables d'interpréter les gestes et les expressions faciales, de comprendre les commandes en langage naturel et de répondre de manière appropriée aux signaux sociaux tels que le contact visuel et le ton de la voix.

Pour y parvenir, les chercheurs développent des algorithmes avancés d'apprentissage automatique capables d'analyser de grands ensembles de données sur le comportement humain et d'utiliser ces données pour améliorer les performances des robots. Par exemple, des techniques d'apprentissage en profondeur telles que les réseaux de neurones peuvent être utilisées pour analyser les modèles de parole et les expressions faciales, permettant aux robots de comprendre les émotions humaines et de réagir de manière appropriée.

Un autre défi majeur en HRI est de s'assurer que les robots sont capables d'interagir avec les humains de manière sûre et éthique. Les robots doivent être capables de reconnaître et d'éviter les dangers potentiels, et doivent être conçus avec des dispositifs de sécurité tels que des boutons d'arrêt d'urgence et des capteurs anticollision. De plus, les robots doivent être programmés avec des directives éthiques qui garantissent qu'ils se comportent d'une manière conforme aux valeurs et aux normes humaines.

Malgré ces défis, il existe de nombreux exemples d'applications HRI réussies dans divers contextes. Par exemple, les robots sont de plus en plus utilisés dans les établissements de santé pour aider aux soins aux patients et à la gestion des médicaments. Les robots peuvent être programmés pour rappeler aux patients de prendre leurs médicaments, surveiller les signes vitaux et fournir une assistance à la mobilité.

Dans l'éducation, les robots sont utilisés pour enseigner aux enfants la programmation et d'autres compétences STEM de manière amusante et interactive. Par exemple, les robots peuvent être programmés pour jouer à des jeux ou effectuer d'autres activités qui aident les enfants à apprendre des concepts clés de manière pratique.

Sur le lieu de travail, des robots sont utilisés pour aider à des tâches telles que la fabrication et la logistique. Par exemple, les robots peuvent être utilisés pour assembler des produits, charger et décharger des marchandises et transporter des marchandises dans un entrepôt ou une usine.

Au fur et à mesure que la technologie progresse, les applications potentielles de l'IRH sont susceptibles de se développer. Par exemple, des robots pourraient être utilisés dans des situations d'intervention en cas de catastrophe pour aider à rechercher des survivants ou à apporter de l'aide, ou dans des espaces publics pour fournir des informations et une assistance aux visiteurs.

c. Éthique des robots

À mesure que les robots s'intègrent de plus en plus dans notre vie quotidienne, il existe un besoin croissant d'un ensemble de directives éthiques régissant leur utilisation. L'éthique des robots est un domaine émergent qui se concentre sur l'élaboration de ces lignes directrices et sur la garantie que les robots sont conçus et programmés d'une manière conforme aux valeurs et principes humains.

L'un des problèmes clés de l'éthique des robots est de s'assurer que les robots sont conçus pour fonctionner de manière sûre et fiable. Il s'agit notamment de s'assurer que les robots sont capables de reconnaître et d'éviter les dangers potentiels, et qu'ils sont équipés de dispositifs de sécurité tels que des boutons d'arrêt d'urgence et des capteurs anticollision. De plus, les robots doivent être conçus pour être sécurisés et résistants au piratage ou à d'autres attaques malveillantes.

Une autre question éthique importante dans la conception de robots est de s'assurer que les robots sont programmés avec des directives éthiques conformes aux valeurs et principes humains. Par exemple, les robots devraient être programmés pour respecter l'autonomie et la vie privée des personnes, et pour éviter la discrimination et les préjugés.

Outre ces considérations techniques, il existe également des questions éthiques plus larges liées à l'utilisation des robots dans la société. Par exemple, certaines personnes ont exprimé des inquiétudes quant à l'impact potentiel des robots sur l'emploi et l'économie, et quant au potentiel d'utilisation des robots à des fins militaires.

Pour répondre à ces préoccupations, les chercheurs élaborent une gamme de lignes directrices et de cadres éthiques qui peuvent aider à guider le développement et l'utilisation des robots. Par exemple, l'Initiative mondiale de l'IEEE sur l'éthique des systèmes autonomes et intelligents a élaboré un ensemble de lignes directrices conçues pour garantir que les robots sont conçus et utilisés d'une manière conforme aux valeurs et aux principes humains.

Il existe également un certain nombre de débats en cours dans le domaine de l'éthique des robots sur l'utilisation appropriée des robots dans la société. Par exemple, certains chercheurs soutiennent que les robots devraient être conçus pour être aussi humains que possible, afin de faciliter une interaction naturelle et intuitive. D'autres soutiennent que les robots devraient être conçus pour se distinguer clairement des humains, afin d'éviter toute confusion et tromperie.

Malgré ces débats et défis, il existe de nombreux exemples d'applications réussies et éthiques des robots dans la société. Par exemple, les robots sont de plus en plus utilisés dans les établissements de santé pour faciliter les soins aux patients et la gestion des médicaments, ainsi que dans la fabrication et la logistique pour améliorer l'efficacité et la productivité.

En conclusion, l'éthique des robots est un domaine en croissance rapide qui vise à garantir que les robots sont conçus et utilisés d'une manière conforme aux valeurs et principes humains. Alors que les robots s'intègrent de plus en plus dans notre vie quotidienne, il est important de continuer à développer et à affiner des directives et des cadres éthiques qui peuvent aider à guider leur développement et leur utilisation. Ce faisant, nous pouvons nous assurer que les robots contribuent à une société plus sûre, plus efficace et plus éthique.

Chapitre 7 : L'IA dans la santé

a. L'imagerie médicale

L'imagerie médicale est un aspect essentiel des soins de santé modernes, offrant aux médecins et aux professionnels de la santé un outil puissant de diagnostic et de traitement. L'imagerie médicale englobe un large éventail de technologies et de techniques, notamment les rayons X, les tomodensitogrammes, l'IRM, les ultrasons et les TEP.

L'un des principaux avantages de l'imagerie médicale est sa capacité à fournir des images détaillées et précises des structures internes du corps. Cela permet aux médecins d'identifier et de diagnostiquer un large éventail de conditions, y compris les fractures, les tumeurs et les saignements internes, entre autres.

L'imagerie par rayons X est l'une des techniques d'imagerie les plus utilisées dans la pratique médicale. Cette technique utilise un rayonnement à haute énergie pour produire des images détaillées des structures internes du corps, ce qui la rend particulièrement utile pour diagnostiquer les fractures osseuses et d'autres types de blessures musculo-squelettiques.

Les tomodensitogrammes, ou tomodensitométries, sont une autre technique d'imagerie médicale couramment utilisée. Les tomodensitogrammes utilisent une série de rayons X pour créer des images détaillées en coupe transversale des structures internes du corps. Cette technique est particulièrement utile pour diagnostiquer des conditions telles que les tumeurs, car elle peut fournir des informations détaillées sur la taille, l'emplacement et l'étendue de la tumeur.

L'IRM, ou imagerie par résonance magnétique, est une autre technique d'imagerie médicale puissante. Cette technique utilise des aimants puissants et des ondes radio pour créer des images détaillées des structures internes du corps. L'IRM est particulièrement utile pour diagnostiquer des affections telles que les tumeurs cérébrales et les lésions de la moelle épinière, car elle peut fournir des images détaillées de ces structures avec un degré élevé de précision.

L'imagerie par ultrasons est une autre technique d'imagerie médicale couramment utilisée, notamment en obstétrique et en gynécologie. Cette technique utilise des ondes sonores à haute fréquence pour produire des images des structures internes du corps. L'imagerie par ultrasons est particulièrement utile pour diagnostiquer des conditions telles que les grossesses extra-utérines et les kystes ovariens.

Enfin, la TEP, ou tomographie par émission de positrons, est une technique d'imagerie puissante particulièrement utile pour diagnostiquer le cancer et d'autres troubles métaboliques. Cette technique utilise un traceur radioactif pour créer des images des structures internes du corps, fournissant des informations détaillées sur l'activité métabolique de ces structures.

b. Médecine de précision

La médecine de précision est une approche innovante des soins de santé qui vise à personnaliser les traitements médicaux en fonction de la composition génétique, du mode de vie et de l'environnement uniques d'un individu. L'objectif de la médecine de précision est de fournir aux patients des traitements plus efficaces et adaptés à leurs besoins spécifiques, améliorant ainsi leurs résultats de santé et leur qualité de vie.

L'un des éléments clés de la médecine de précision est le test génétique, qui consiste à analyser l'ADN d'un individu pour identifier des variantes génétiques spécifiques pouvant être associées à certaines maladies ou conditions de santé. En identifiant ces variantes génétiques, les médecins peuvent développer des traitements plus ciblés et efficaces, adaptés à la constitution génétique unique de l'individu.

Un autre aspect important de la médecine de précision est l'utilisation de mégadonnées et d'analyses avancées pour identifier les modèles et les tendances des résultats de santé et des réponses au traitement. En analysant de grands ensembles de données, les chercheurs peuvent identifier de nouvelles stratégies de traitement et interventions qui pourraient être plus efficaces pour certaines populations de patients.

Un exemple de médecine de précision en action est l'utilisation de thérapies ciblées pour le traitement du cancer. En analysant l'ADN tumoral d'un patient, les médecins peuvent identifier des mutations génétiques spécifiques qui sont à l'origine de la croissance du cancer, puis développer des thérapies ciblées conçues pour cibler spécifiquement ces mutations. Cette approche peut améliorer les résultats du traitement et réduire le risque d'effets secondaires associés à la chimiothérapie et à la radiothérapie traditionnelles.

La médecine de précision est également utilisée pour traiter un large éventail d'autres problèmes de santé, notamment des troubles génétiques rares, des maladies auto-immunes et des maladies infectieuses. En personnalisant les traitements en fonction des besoins uniques d'un individu, la médecine de précision a le potentiel de révolutionner les soins de santé et d'améliorer les résultats pour les patients du monde entier.

Cependant, la médecine de précision n'est pas sans défis. L'un des plus grands défis est la complexité du génome humain, qui rend difficile l'identification de variantes génétiques spécifiques pouvant être associées à certaines maladies. De plus, la confidentialité et la sécurité des données suscitent des inquiétudes, car les informations génétiques sont très sensibles et doivent être protégées.

c. Diagnostic et prédiction de la maladie

Le diagnostic et la prédiction des maladies sont deux des applications les plus critiques de l'intelligence artificielle dans les soins de santé. Ces technologies sont conçues pour analyser les données médicales et identifier les modèles et les tendances qui peuvent aider les médecins à diagnostiquer et à traiter les maladies plus efficacement.

Un exemple de diagnostic de maladie utilisant l'IA est l'utilisation d'algorithmes d'apprentissage automatique pour analyser des images médicales, telles que des tomodensitogrammes et des radiographies, afin d'identifier des anomalies pouvant indiquer une maladie. Ces algorithmes peuvent être formés pour reconnaître des modèles et des caractéristiques spécifiques associés à différents types de maladies, permettant aux médecins de poser des diagnostics plus précis et de développer des plans de traitement plus efficaces.

Un autre exemple de diagnostic de maladie basé sur l'IA est l'utilisation d'analyses prédictives pour identifier les patients susceptibles de développer certaines maladies. En analysant les données médicales et d'autres facteurs pertinents, tels que le mode de vie et les facteurs environnementaux, les algorithmes d'analyse prédictive peuvent identifier les patients qui présentent un risque plus élevé de développer des maladies telles que les maladies cardiaques, le diabète et le cancer. Cela peut permettre aux médecins de prendre des mesures préventives, telles que des changements de mode de vie et une intervention précoce, pour réduire le risque de développement de la maladie.

L'IA est également utilisée pour développer des modèles prédictifs pour les flambées de maladies et les épidémies. En analysant les données provenant de diverses sources, telles que les médias sociaux et les dossiers hospitaliers, les algorithmes d'IA peuvent identifier des modèles et des tendances qui peuvent indiquer l'émergence d'une nouvelle maladie ou d'une épidémie. Cela peut aider les responsables de la santé publique à prendre des mesures proactives pour prévenir la propagation de la maladie et minimiser son impact sur la population.

L'un des développements les plus passionnants dans le diagnostic et la prédiction des maladies basés sur l'IA est l'utilisation d'appareils portables pour surveiller la santé des patients en temps réel. Ces appareils peuvent collecter des données sur une gamme d'indicateurs de santé, tels que la fréquence cardiaque, la pression artérielle et les niveaux d'oxygène, et transmettre ces données aux prestataires de soins de santé en temps réel. Cela permet aux médecins d'identifier les problèmes de santé potentiels avant qu'ils ne deviennent graves et d'élaborer des plans de traitement ciblés adaptés aux besoins spécifiques du patient.

Cependant, il existe également des défis associés au diagnostic et à la prédiction des maladies basés sur l'IA. L'un des plus grands défis est le besoin de données précises et fiables. Pour développer des modèles prédictifs efficaces, les algorithmes doivent avoir accès à de grands ensembles de données représentatifs de la population. De plus, la confidentialité et la sécurité des données suscitent des inquiétudes, car les données médicales sont très sensibles et doivent être protégées.

Malgré ces défis, le diagnostic et la prédiction des maladies basés sur l'IA ont le potentiel de révolutionner les soins de santé et d'améliorer les résultats pour les patients du monde entier. En tirant parti de la puissance de l'apprentissage automatique et de l'analyse prédictive, les médecins peuvent développer des diagnostics et des plans de traitement plus précis, adaptés aux besoins individuels de chaque patient. Cela peut conduire à de meilleurs résultats pour la santé, à une réduction des coûts de santé et à une meilleure qualité de vie pour les patients souffrant d'un large éventail de problèmes de santé.

Chapitre 8 : L'IA en finance

a. Détection de fraude

Les activités frauduleuses ont été un défi persistant dans divers secteurs, tels que la finance, l'assurance, le commerce électronique et la santé. Heureusement, avec l'avènement de l'IA, la détection des fraudes est devenue beaucoup plus efficace et efficiente. Les algorithmes d'IA peuvent analyser de grandes quantités de données et identifier des modèles qui peuvent indiquer un comportement frauduleux, souvent en temps réel. Dans cette section, nous explorerons comment l'IA transforme le domaine de la détection des fraudes.

L'apprentissage automatique est l'une des techniques d'IA les plus couramment utilisées dans la détection des fraudes. Les algorithmes d'apprentissage automatique sont formés sur des données historiques pour détecter des modèles pouvant indiquer un comportement frauduleux. Par exemple, dans le secteur financier, les algorithmes d'apprentissage automatique peuvent analyser les données transactionnelles pour identifier des modèles inhabituels, tels que plusieurs petites transactions ou des transactions effectuées à partir d'un nouvel emplacement. Ces modèles peuvent indiquer une fraude par carte de crédit ou un vol d'identité.

Une autre technique d'IA utilisée dans la détection des fraudes est le traitement du langage naturel (NLP). Les algorithmes NLP peuvent analyser de grandes quantités de données textuelles non structurées, telles que des e-mails, des journaux de chat et des publications sur les réseaux sociaux, pour détecter une fraude potentielle. Par exemple, les algorithmes NLP peuvent analyser le ton et le sentiment des plaintes des clients pour identifier les modèles de comportement frauduleux.

L'IA est également utilisée pour lutter contre la fraude en matière de soins de santé. La fraude dans le domaine de la santé peut être difficile à détecter car elle implique souvent des stratagèmes complexes qui peuvent prendre des années à être découverts. Cependant, avec l'IA, les prestataires de soins de santé peuvent analyser de grandes quantités de données, telles que des réclamations médicales, pour identifier des schémas pouvant indiquer un comportement frauduleux. L'IA peut également aider à identifier les fraudeurs potentiels en analysant les relations entre les patients et les prestataires et en identifiant les modèles de facturation suspects.

Les systèmes de détection de fraude basés sur l'IA peuvent également être utilisés dans le commerce électronique pour détecter les transactions frauduleuses. Les sites de commerce électronique peuvent utiliser des algorithmes d'intelligence artificielle pour analyser le comportement des utilisateurs, tels que le temps passé sur une page, les mouvements de la souris et les modèles de clics, afin de détecter une fraude potentielle. Par exemple, si un utilisateur effectue plusieurs achats sur une courte période, cela peut indiquer qu'il utilise des informations de carte de crédit volées.

Dans le secteur des assurances, l'IA peut être utilisée pour détecter les réclamations frauduleuses. Les algorithmes d'IA peuvent analyser les données des réclamations passées pour identifier les modèles qui peuvent indiquer une fraude, comme les réclamations qui sont systématiquement soumises par un fournisseur particulier ou un type spécifique de réclamation qui est fréquemment soumis. L'IA peut également analyser les données médicales pour détecter les réclamations frauduleuses liées à des conditions médicales.

L'IA est également utilisée pour détecter la fraude dans le secteur public. Par exemple, les algorithmes d'IA peuvent analyser les données gouvernementales pour détecter les activités frauduleuses potentielles, telles que l'évasion fiscale ou les demandes de prestations frauduleuses. L'IA peut également aider à identifier la corruption potentielle en analysant les données sur les marchés publics et en identifiant les comportements suspects.

b. Trading algorithmique

Le trading algorithmique est une application populaire de l'intelligence artificielle (IA) dans le secteur financier. Cela implique l'utilisation de programmes informatiques pour automatiser le processus d'achat et de vente d'actifs financiers tels que des actions, des obligations et des devises. Dans ce processus, les algorithmes d'IA sont utilisés pour analyser de grandes quantités de données financières afin d'identifier les tendances et les modèles qui peuvent être utilisés pour effectuer des transactions rentables. Dans cet article, nous allons explorer les détails et des exemples de trading algorithmique.

Le système de trading algorithmique est basé sur l'utilisation de modèles mathématiques et d'analyses statistiques. Les algorithmes sont conçus pour analyser de grandes quantités de données financières et utiliser ces informations pour prendre des décisions commerciales. L'un des principaux avantages du trading algorithmique est qu'il peut effectuer des transactions à des vitesses et des fréquences élevées, ce qui n'est pas possible pour les traders humains. En conséquence, le trading algorithmique est devenu très populaire parmi les grandes institutions financières telles que les banques et les fonds spéculatifs.

L'un des types les plus courants de trading algorithmique est connu sous le nom de suivi de tendance. Dans cette approche, l'algorithme est conçu pour identifier les tendances du marché et effectuer des transactions en fonction de ces tendances. Par exemple, si l'algorithme détecte une tendance haussière sur le marché boursier, il achètera des actions pour profiter de la tendance haussière. De même, si l'algorithme détecte une tendance baissière, il vendra des actions pour éviter les pertes.

Une autre approche populaire du trading algorithmique est connue sous le nom de retour à la moyenne. Dans cette approche, l'algorithme est conçu pour identifier quand un actif financier particulier est surévalué ou sous-évalué. L'algorithme effectue ensuite des transactions basées sur l'hypothèse que le prix de l'actif reviendra éventuellement à sa valeur moyenne. Par exemple, si l'algorithme détecte qu'une action est sous-évaluée, il achètera l'action en prévision de l'augmentation future de son prix.

L'un des défis du trading algorithmique est qu'il nécessite l'accès à de grandes quantités de données financières. De plus, les algorithmes doivent être constamment mis à jour et affinés pour s'assurer qu'ils restent efficaces. Pour surmonter ces défis, de nombreuses institutions financières investissent dans la technologie de l'IA pour améliorer leurs stratégies de trading.

Un autre avantage du trading algorithmique est qu'il peut aider à réduire l'impact des émotions humaines sur les décisions de trading. Les commerçants humains sont souvent enclins à prendre des décisions irrationnelles basées sur la peur, la cupidité et d'autres émotions. En utilisant des algorithmes d'IA pour prendre des décisions commerciales, les institutions financières peuvent éviter ces biais émotionnels et prendre des décisions plus objectives basées sur des données et des analyses.

c. Chatbots du service client

Ces dernières années, l'utilisation des chatbots dans le service client est devenue de plus en plus populaire. Un chatbot de service client est un programme informatique qui utilise des algorithmes de traitement du langage naturel et d'apprentissage automatique pour communiquer avec les clients, répondre à leurs questions et résoudre leurs problèmes. Dans cette section, nous explorerons le concept des chatbots de service client, leurs avantages et leurs défis, ainsi que quelques exemples de leur mise en œuvre réussie.

Les chatbots de service client offrent de nombreux avantages aux entreprises. Ils offrent une disponibilité 24 heures sur 24, 7 jours sur 7 et peuvent gérer plusieurs clients à la fois, ce qui augmente l'efficacité et réduit les temps d'attente. Les chatbots peuvent également personnaliser l'expérience client en utilisant les données des interactions précédentes pour adapter les réponses et fournir des recommandations. Ils peuvent gérer des requêtes de routine et des tâches simples, libérant ainsi des agents humains pour se concentrer sur des problèmes plus complexes.

L'un des défis des chatbots du service client est de s'assurer qu'ils peuvent interpréter et répondre avec précision aux demandes des clients. Les algorithmes de traitement du langage naturel ne sont pas toujours parfaits et les clients peuvent utiliser un langage non standard ou des mots mal orthographiés. De plus, les chatbots doivent être programmés pour reconnaître et répondre de manière appropriée aux commentaires négatifs ou aux plaintes. Cependant, avec un apprentissage et une amélioration continus, les chatbots peuvent devenir de plus en plus efficaces pour comprendre et répondre aux clients.

Un exemple réussi de chatbots de service client est Erica de Bank of America. Erica est une assistante financière virtuelle qui utilise le traitement du langage naturel et l'apprentissage automatique pour aider les clients dans leurs besoins bancaires. Les clients peuvent poser des questions à Erica sur leurs comptes, transférer de l'argent et même prendre rendez-vous avec un conseiller financier. Depuis son lancement en 2018, Erica compte plus de 25 millions d'utilisateurs et a traité plus de 150 millions de demandes.

Un autre exemple de chatbot de service client réussi est le bot Kik de H&M. Le bot aide les clients à trouver des vêtements et fournit des recommandations personnalisées en fonction de leurs préférences. Les clients peuvent poser des questions au bot sur des articles spécifiques, et le bot fournira des liens pour les acheter. Depuis son lancement en 2016, le bot a eu plus de 500 000 interactions par mois et a entraîné une augmentation significative des ventes en ligne.

Les chatbots de service client sont également utilisés dans le secteur de la santé. Babylon Health est un chatbot qui fournit des conseils médicaux et des diagnostics basés sur les symptômes. Le bot utilise l'intelligence artificielle pour analyser les symptômes d'un patient et fournir une liste des conditions possibles. Il fournit également des conseils de santé personnalisés et peut prendre des rendez-vous avec des médecins si nécessaire. Depuis son lancement, Babylon Health a été utilisé par plus de 2,3 millions de personnes et a été salué pour son accessibilité et sa commodité.

Chapitre 9 : L'IA dans le marketing

a. Personnalisation

La personnalisation est devenue un aspect clé de l'expérience client dans de nombreux secteurs, du commerce électronique au divertissement. Avec l'aide de l'IA, les entreprises peuvent analyser de grandes quantités de données pour créer des recommandations personnalisées, des campagnes marketing, etc. Dans cette section, nous explorerons le concept de personnalisation et le rôle de l'IA dans sa mise en place.

La personnalisation consiste à adapter les expériences, les produits et les services aux préférences et aux besoins individuels. C'est un moyen puissant pour les entreprises d'améliorer la satisfaction et la fidélité des clients, ainsi que d'augmenter les ventes et les revenus. La personnalisation peut prendre de nombreuses formes, notamment des recommandations de produits, des suggestions de contenu et des publicités ciblées. En utilisant l'IA, les entreprises peuvent analyser les données des clients pour identifier des modèles et prédire les comportements futurs, ce qui leur permet de proposer des expériences hautement pertinentes et personnalisées.

Un exemple de personnalisation en action est Netflix, qui utilise un moteur de recommandation sophistiqué pour suggérer des films et des émissions de télévision à ses utilisateurs. En analysant les données sur ce que les utilisateurs ont regardé et évalué, ainsi que leur historique de navigation et d'autres facteurs, Netflix est en mesure de faire des recommandations personnalisées très pertinentes pour chaque individu. Cette approche a été couronnée de succès, de nombreux utilisateurs signalant qu'ils découvrent souvent du contenu nouveau et intéressant sur la plate-forme grâce à ses recommandations personnalisées.

Un autre exemple de personnalisation est Amazon, qui utilise une combinaison d'algorithmes d'IA et de données utilisateur pour fournir des recommandations de produits personnalisées. En analysant des facteurs tels que l'historique des achats, le comportement de navigation et les requêtes de recherche, Amazon est en mesure de suggérer des produits susceptibles d'intéresser chaque utilisateur individuel. Cette approche a aidé Amazon à devenir l'une des entreprises de commerce électronique les plus importantes et les plus prospères au monde.

L'IA peut également être utilisée pour personnaliser les campagnes marketing, permettant aux entreprises de cibler des publics spécifiques avec des messages très pertinents. Par exemple, un détaillant de vêtements peut utiliser l'IA pour analyser les données des clients et identifier les produits les plus susceptibles d'intéresser différents groupes démographiques. Avec ces informations, le détaillant peut créer des campagnes ciblées qui présentent les produits et les messages les plus susceptibles de trouver un écho auprès de chaque public.

La personnalisation peut également être utilisée dans les soins de santé pour améliorer les résultats pour les patients. En analysant les données des patients et en utilisant l'IA pour identifier les modèles et prédire les résultats, les médecins peuvent proposer des plans de traitement plus personnalisés, adaptés aux besoins de chaque individu. Cette approche a le potentiel d'améliorer les résultats pour les patients et de réduire les coûts des soins de santé en minimisant les traitements et les interventions inutiles.

Dans le secteur financier, la personnalisation peut être utilisée pour créer des portefeuilles d'investissement plus personnalisés. En utilisant l'IA pour analyser les données des clients et identifier les objectifs d'investissement et les tolérances au risque, les conseillers financiers peuvent créer des portefeuilles adaptés aux besoins de chaca. Cette approche a le potentiel d'améliorer les résultats d'investissement et de réduire les risques pour les investisseurs.

La personnalisation devient également de plus en plus importante dans le secteur de l'éducation. En analysant les données des élèves et en utilisant l'IA pour identifier les modèles et prédire les résultats, les enseignants peuvent créer des plans d'apprentissage personnalisés adaptés aux forces, aux faiblesses et aux intérêts de chaque élève. Cette approche a le potentiel d'améliorer les résultats des élèves et d'aider à combler l'écart de réussite.

b. Segmentation de la clientèle

La segmentation de la clientèle est le processus de division des clients en groupes distincts en fonction de leurs comportements, préférences et autres caractéristiques. Cela permet aux entreprises d'adapter leurs efforts de marketing et de fournir des expériences personnalisées qui répondent aux besoins et aux désirs uniques de chaque segment. Dans cette section, nous explorerons le concept de segmentation de la clientèle, les différents types de segmentation et ses avantages pour les entreprises.

Le premier type de segmentation de la clientèle est la segmentation démographique, qui divise les clients en fonction de facteurs démographiques tels que l'âge, le sexe, le revenu, l'éducation et l'état matrimonial. Par exemple, une entreprise vendant des voitures de luxe peut cibler des clients plus âgés et aisés, tandis qu'une entreprise vendant des manuels universitaires peut cibler des clients plus jeunes et soucieux de leur budget.

Le deuxième type de segmentation de la clientèle est la segmentation psychographique, qui divise les clients en fonction de leurs traits de personnalité, valeurs, attitudes et modes de vie. Par exemple, une entreprise vendant des équipements de plein air peut cibler des clients en quête d'aventure qui aiment des activités telles que le camping et la randonnée.

Le troisième type de segmentation de la clientèle est la segmentation comportementale, qui divise les clients en fonction de leurs comportements et de leurs actions. Cela peut inclure des facteurs tels que l'historique des achats, la fidélité à la marque et l'engagement avec les campagnes marketing. Par exemple, une entreprise peut cibler des clients qui ont déjà acheté des produits dans une certaine catégorie ou qui se sont engagés dans leurs campagnes sur les réseaux sociaux.

L'un des principaux avantages de la segmentation de la clientèle est qu'elle permet aux entreprises de mieux comprendre leurs clients et d'adapter leurs efforts de marketing en conséquence. En ciblant des segments spécifiques, les entreprises peuvent créer des expériences plus personnalisées et pertinentes pour leurs clients, ce qui peut entraîner une fidélité et une rétention accrues.

Un autre avantage de la segmentation de la clientèle est qu'elle peut aider les entreprises à optimiser leurs budgets marketing en concentrant leurs efforts sur les segments les plus susceptibles de se convertir. Cela peut se traduire par des campagnes de marketing plus efficientes et efficaces qui offrent un meilleur retour sur investissement.

En plus du marketing, la segmentation de la clientèle peut également être utilisée pour éclairer les stratégies de développement de produits et de service à la clientèle. En comprenant les besoins et les préférences uniques des différents segments, les entreprises peuvent développer des produits et des services qui répondent mieux aux besoins de leurs clients cibles.

Cependant, il est important que les entreprises soient conscientes des pièges potentiels de la segmentation de la clientèle, tels que la généralisation excessive et les stéréotypes. Les entreprises doivent veiller à éviter de faire des hypothèses sur les clients en se basant uniquement sur leur segment et s'efforcer plutôt de créer des expériences personnalisées basées sur une compréhension approfondie de chaque client individuel.

c. Analyses prédictives

L'analyse prédictive est une branche de l'analyse de données qui implique l'utilisation d'algorithmes statistiques et de techniques d'apprentissage automatique pour faire des prédictions sur des événements ou des tendances futurs. C'est un domaine en croissance rapide qui a le potentiel de révolutionner la façon dont les entreprises prennent des décisions et améliorent leurs opérations. Dans cette section, nous explorerons les bases de l'analyse prédictive, ses applications dans diverses industries et certaines des techniques couramment utilisées.

À la base, l'analyse prédictive consiste à utiliser des données historiques pour identifier des modèles et des relations, puis à utiliser ces informations pour faire des prédictions sur des événements futurs. Cela peut impliquer l'analyse de grandes quantités de données provenant de diverses sources, y compris les transactions des clients, l'activité des médias sociaux et les données des capteurs des machines. En analysant ces données, les entreprises peuvent obtenir des informations sur le comportement des clients, les tendances du marché et d'autres facteurs importants pouvant avoir un impact sur leurs opérations.

L'une des applications les plus courantes de l'analyse prédictive se situe dans le domaine du marketing. En analysant les données des clients, les entreprises peuvent identifier les tendances et les préférences, et utiliser ces informations pour adapter leurs campagnes marketing à des publics spécifiques. Par exemple, un détaillant en ligne peut utiliser l'analyse prédictive pour identifier les clients les plus susceptibles d'acheter un produit particulier, puis cibler ces clients avec une publicité personnalisée.

Un autre domaine où l'analyse prédictive est utilisée est celui des soins de santé. En analysant les données des patients, les médecins et les chercheurs peuvent identifier les facteurs de risque de certaines maladies et développer des plans de traitement personnalisés. Par exemple, un médecin peut utiliser l'analyse prédictive pour identifier les patients qui présentent un risque élevé de développer une maladie cardiaque, puis recommander des changements de mode de vie ou des médicaments pour réduire leur risque.

L'analyse prédictive est également utilisée dans la finance, où elle peut être utilisée pour identifier une fraude potentielle ou pour prédire le cours des actions. En analysant les données financières, les entreprises peuvent identifier les schémas d'activités suspectes et prévenir les transactions frauduleuses avant qu'elles ne se produisent. De plus, l'analyse prédictive peut être utilisée pour analyser les cours des actions et prédire les tendances futures du marché.

L'apprentissage automatique est l'une des techniques les plus importantes utilisées dans l'analyse prédictive. Cela implique de former des algorithmes pour identifier des modèles et des relations dans les données, puis d'utiliser ces algorithmes pour faire des prédictions. Certaines techniques d'apprentissage automatique courantes utilisées dans l'analyse prédictive comprennent les arbres de décision, les réseaux de neurones et la régression logistique.

Une autre technique importante utilisée dans l'analyse prédictive est l'exploration de données, qui consiste à identifier des modèles et des tendances dans de grands ensembles de données. Cela peut être fait en utilisant une variété d'outils et de techniques, y compris le clustering, l'exploration de règles d'association et l'analyse de régression.

Bien que l'analyse prédictive ait le potentiel de fournir aux entreprises des informations précieuses et d'améliorer leurs opérations, il est important de se rappeler qu'il ne s'agit pas d'une solution miracle. Il est toujours important de faire preuve de jugement et de bon sens lors de la prise de décisions, et d'être conscient des limites des données et des algorithmes utilisés. En outre, il existe d'importantes considérations éthiques et juridiques à prendre en compte lors de l'utilisation de l'analyse prédictive, telles que la garantie que la vie privée des clients est protégée et que les décisions ne sont pas prises sur la base de facteurs discriminatoires.

Chapitre 10 : Éthique, risques et avenir de l'IA

a. Considérations éthiques dans le développement et l'utilisation de l'IA

Alors que l'intelligence artificielle (IA) continue de progresser et de s'intégrer dans divers aspects de la société, il est devenu de plus en plus important de considérer les implications éthiques de son développement et de son utilisation. Bien que l'IA ait le potentiel d'apporter de nombreux avantages à la société, tels que l'amélioration des soins de santé et la commodité de la vie quotidienne, elle soulève également des inquiétudes concernant des problèmes tels que les préjugés, la confidentialité et l'utilisation abusive potentielle de la technologie.

L'une des principales considérations éthiques de l'IA est de s'assurer que la technologie est développée et utilisée d'une manière qui ne perpétue ni n'amplifie les préjugés et les inégalités existants. Par exemple, si un système d'IA est formé sur des données biaisées, il peut prendre des décisions qui reflètent et perpétuent ces biais. Pour résoudre ce problème, les chercheurs et les développeurs doivent prendre des mesures pour s'assurer que les données utilisées pour former les systèmes d'IA sont diverses et représentatives.

Une autre considération éthique importante dans l'IA est la confidentialité. Comme les systèmes d'IA sont utilisés pour collecter et traiter de grandes quantités de données sur les individus, il existe un risque que ces données soient utilisées à mauvais escient ou tombent entre de mauvaises mains. Pour résoudre ce problème, des lois et réglementations sur la confidentialité sont en cours d'élaboration et de mise en œuvre pour garantir que les individus ont le contrôle de leurs données personnelles et qu'elles sont utilisées de manière éthique et transparente.

Outre la confidentialité, la transparence est une autre considération éthique importante dans l'IA. À mesure que les systèmes d'IA deviennent plus complexes et opaques, il devient de plus en plus difficile de comprendre comment ils prennent des décisions. Ce manque de transparence peut créer des défis en matière de responsabilité et peut soulever des inquiétudes quant à la justice et à l'équité des décisions prises par les systèmes d'IA. Pour résoudre ce problème, les chercheurs et les développeurs explorent des moyens de rendre les systèmes d'IA plus transparents et compréhensibles.

Une autre considération éthique dans l'IA consiste à s'assurer que la technologie est utilisée d'une manière conforme aux valeurs et aux objectifs humains. À mesure que l'IA devient plus puissante et autonome, il existe un risque qu'elle soit utilisée de manière non conforme aux valeurs humaines, par exemple pour perpétuer l'oppression ou saper la démocratie. Pour résoudre ce problème, les chercheurs et les développeurs doivent veiller à ce que les systèmes d'IA soient conçus et utilisés d'une manière conforme aux valeurs et aux objectifs humains.

Le potentiel d'utilisation abusive de l'IA est une autre considération éthique qui doit être prise au sérieux. Par exemple, il existe un risque que l'IA puisse être utilisée pour créer de fausses nouvelles ou des deepfakes qui pourraient être utilisés pour manipuler l'opinion publique. Il existe également un risque que l'IA puisse être utilisée pour développer des armes autonomes qui pourraient être utilisées pour nuire à des personnes innocentes. Pour faire face à ces risques, il est important d'établir des directives et des réglementations éthiques claires concernant le développement et l'utilisation de l'IA.

Une autre considération éthique dans l'IA est l'impact que la technologie peut avoir sur l'emploi. À mesure que les systèmes d'IA deviennent plus avancés et plus performants, ils risquent d'automatiser de nombreux emplois, ce qui pourrait entraîner un chômage généralisé. Pour résoudre ce problème, il peut être nécessaire d'explorer de nouveaux modèles économiques susceptibles de soutenir les travailleurs déplacés par l'IA.

b. Risques et défis posés par l'IA

L'intelligence artificielle (IA) est un domaine en évolution rapide qui transforme notre façon de vivre, de travailler et d'interagir avec la technologie. Alors que l'IA continue de croître et d'évoluer, il est important de tenir compte des risques et des défis potentiels qui peuvent découler de son développement et de son utilisation.

L'une des principales préoccupations concernant l'IA est la possibilité de conséquences ou de biais imprévus. Les algorithmes d'apprentissage automatique sont aussi impartiaux que les données sur lesquelles ils sont formés, et si ces données sont faussées ou incomplètes, cela peut conduire à des résultats inexacts ou discriminatoires. Par exemple, il a été démontré que la technologie de reconnaissance faciale a des taux d'erreur plus élevés pour les personnes à la peau plus foncée, ce qui pourrait avoir des conséquences néfastes dans des domaines tels que l'application de la loi.

Un autre risque associé à l'IA est le potentiel de suppression d'emplois. À mesure que la technologie de l'IA devient plus avancée, elle a le potentiel d'automatiser de nombreuses tâches qui sont actuellement effectuées par des humains. Bien que cela puisse conduire à une efficacité et une productivité accrues, cela pourrait également entraîner des pertes d'emplois et des inégalités économiques.

La confidentialité est une autre préoccupation majeure de l'IA, en particulier en ce qui concerne la collecte et l'utilisation des données personnelles. À mesure que les systèmes d'IA deviennent plus sophistiqués, ils peuvent être en mesure de collecter et d'analyser de grandes quantités de données personnelles, qui pourraient être utilisées à des fins malveillantes ou entraîner des atteintes à la vie privée.

La sécurité est également un défi majeur avec l'IA, car la technologie devient plus répandue dans les infrastructures critiques et les applications sensibles. Le potentiel de cyberattaques ou d'autres formes d'utilisation malveillante pourrait avoir des conséquences catastrophiques, comme dans le cas des véhicules autonomes ou des dispositifs médicaux.

La transparence et la responsabilité sont également des considérations importantes dans le développement et l'utilisation de l'IA. Il est crucial que les algorithmes soient transparents et explicables, afin que les humains puissent comprendre comment ils fonctionnent et identifier tout biais ou erreur potentiels. De plus, des mesures de responsabilisation doivent être mises en place pour garantir que les personnes responsables du développement et du déploiement des systèmes d'IA soient tenues responsables de toute conséquence négative.

Un autre risque associé à l'IA est le potentiel d'inégalité sociale et économique. À mesure que la technologie de l'IA devient plus répandue, elle pourrait exacerber les inégalités existantes en bénéficiant à ceux qui disposent des ressources et de l'expertise nécessaires pour développer et utiliser la technologie, tout en laissant les autres derrière.

c. Futur de la recherche et de l'innovation en IA

L'intelligence artificielle (IA) est un domaine en évolution rapide qui promet de révolutionner de nombreux aspects de nos vies. Les chercheurs repoussent constamment les limites de ce que l'IA peut faire et explorent de nouvelles façons de l'appliquer. Dans cette section, nous examinerons certaines des orientations futures de la recherche et de l'innovation en IA.

Apprentissage en profondeur : Un domaine qui devrait connaître une croissance continue dans les années à venir est l'apprentissage en profondeur. L'apprentissage en profondeur implique l'utilisation de réseaux de neurones à plusieurs couches, ce qui leur permet d'apprendre des représentations plus complexes des données. Cette approche a déjà produit des résultats impressionnants dans des domaines tels que la reconnaissance d'images et de la parole, et est susceptible de trouver de nouvelles applications dans des domaines tels que le traitement du langage naturel et la découverte de médicaments.

IA explicable : à mesure que l'IA devient plus omniprésente, il est de plus en plus nécessaire qu'elle soit transparente et explicable. L'IA explicable est une approche de construction de systèmes d'IA capables de fournir des explications claires sur leurs décisions et leurs actions. Ceci est particulièrement important dans des domaines tels que la santé et la finance, où les conséquences des erreurs d'IA peuvent être graves.

Systèmes autonomes : les systèmes autonomes tels que les voitures autonomes et les drones ont le potentiel de transformer le transport et la logistique. Cependant, de nombreux défis techniques et réglementaires doivent être surmontés avant que ces systèmes puissent devenir courants. Les chercheurs explorent de nouvelles approches de la détection, de la perception et de la prise de décision qui peuvent permettre à ces systèmes de fonctionner de manière sûre et fiable.

Informatique quantique : L'informatique quantique est une technologie émergente qui promet de donner un énorme coup de pouce à la recherche sur l'IA. Les ordinateurs quantiques sont capables d'effectuer certains calculs beaucoup plus rapidement que les ordinateurs classiques, ce qui pourrait permettre des percées dans des domaines tels que l'optimisation et l'apprentissage automatique.

Systèmes multi-agents : les systèmes multi-agents sont des ensembles d'agents autonomes qui peuvent travailler ensemble pour atteindre des objectifs communs. Ces systèmes ont des applications potentielles dans des domaines tels que le contrôle du trafic, la réponse aux catastrophes et l'allocation des ressources. Les chercheurs explorent de nouveaux algorithmes et architectures qui peuvent permettre à ces systèmes de fonctionner efficacement dans des environnements complexes.

Collaboration homme-IA : à mesure que les systèmes d'IA deviennent plus avancés, il est de plus en plus nécessaire que les humains et les machines travaillent ensemble. La collaboration homme-IA implique la conception de systèmes capables de tirer parti des forces des humains et des machines. Cette approche a des applications potentielles dans des domaines tels que les soins de santé, où l'IA peut aider les cliniciens humains à établir des diagnostics et à prendre des décisions de traitement.

Modèles génératifs : les modèles génératifs sont une classe de modèles d'IA qui peuvent générer de nouveaux échantillons de données similaires aux données existantes. Cette approche a des applications dans des domaines tels que l'art et la musique, où les systèmes d'IA peuvent générer de nouvelles œuvres basées sur des exemples existants. Les modèles génératifs sont également utilisés dans la découverte de médicaments, où ils peuvent générer de nouvelles molécules candidates pour le développement de médicaments.

Considérations éthiques : Enfin, il est important de noter que l'avenir de la recherche et de l'innovation en IA ne se limite pas aux avancées techniques. Il s'agit également de veiller à ce que l'IA soit développée et utilisée de manière éthique et responsable. Cela implique d'aborder des questions telles que les préjugés, la confidentialité et la responsabilité, et de développer des cadres pour évaluer les implications sociales et éthiques des technologies d'IA.

CONCLUSION

L'intelligence artificielle a sans aucun doute parcouru un long chemin depuis sa création, et elle a le potentiel de révolutionner d'innombrables industries et aspects de notre vie quotidienne. Dans ce livre, nous avons exploré les différents sous-domaines de l'IA, y compris l'apprentissage supervisé, l'apprentissage non supervisé, l'apprentissage par renforcement, les réseaux de neurones, l'analyse des sentiments, les chatbots, la reconnaissance faciale, les robots autonomes et bien d'autres.

Comme nous l'avons vu, l'IA a déjà été appliquée dans divers secteurs, notamment la santé, la finance, le service client, etc., avec des résultats prometteurs. Cependant, il est crucial de noter que l'IA n'est pas sans risques et défis, et il est essentiel de tenir compte des considérations éthiques lors du développement et de l'utilisation de l'IA.

Alors que l'IA continue de progresser, nous devons continuer à veiller à ce qu'elle soit utilisée pour le plus grand bien et qu'elle ne perpétue ni n'exacerbe les inégalités sociétales existantes. De plus, nous devons continuer à investir dans la recherche et l'innovation en matière d'IA pour libérer tout son potentiel et relever les limites ou les défis qui se présentent.

En fin de compte, l'IA a le potentiel de révolutionner notre monde d'innombrables façons, de l'amélioration des résultats des soins de santé à l'avancement des découvertes scientifiques. À mesure que nous avançons, nous devons continuer à nous engager dans des discussions critiques et réfléchies sur le rôle de l'IA dans notre société, ses risques et avantages potentiels, et la meilleure façon de garantir qu'elle est utilisée de manière éthique et responsable.